SAINT-FLORENTIN

(Yonne)

SON ASPECT ✦ SES RUES ✦ SON ÉGLISE

(Guide du Touriste)

par CAMILLE HERMELIN

de la Société des Sciences Historiques et Naturelles
de l'Yonne

o fr. 30 L'EXEMPLAIRE

AF308810

8° 17 K
56048

BIBLIOTHÈQUE NATIONALE
R.F.
IMPRIMÉS

GUIDE DU TOURISTE

Saint-Florentin

(YONNE)

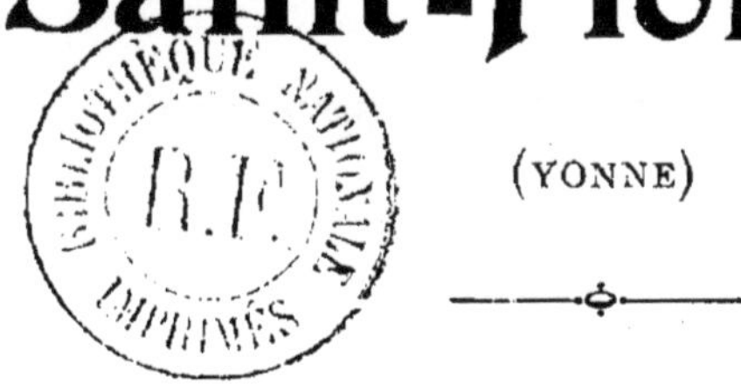

SON ASPECT

SES RUES - SON ÉGLISE

PAR

Camille HERMELIN

Membre de la Société des Sciences Historiques et Naturelles de l'Yonne

GUIDE DU TOURISTE

à SAINT-FLORENTIN

Aspect général

La ville de Saint-Florentin est pittoresquement située sur le flanc d'un coteau, qui la protège contre les vents du Nord. Sa belle église, bâtie sur un mamelon central, la domine ; tout autour, les maisons se pressent et s'étagent, descendent jusqu'à la rivière d'Armance, dont les eaux vont, un kilomètre plus loin, se jeter dans l'Armançon, après avoir traversé le canal de Bourgogne sous un pont que précède l'un des plus beaux ports de ce canal. Les lignes de chemins de fer de Paris-Lyon à la Méditerranée et de Troyes à Saint-Florentin desservent la ville, et lui assurent des communications faciles avec Paris, 173 kilomètres ; Dijon, 142 kilomètres ; Troyes, 52 kilomètres. — Elle est le centre d'un actif commerce de grains, de légumes et de fruits ; ses fromages sont renommés.

Prieuré

Sur le côté ouest de Saint-Florentin s'élève, au milieu d'un groupe d'habitations, un monticule aux talus toujours verts, et couronné d'énormes maron- niers, d'où l'on a une vue superbe sur tous les environs : on l'appelle *le Prieuré*. Dès le ixe siècle, les deux sœurs du comte ou gouverneur de Château- Florentin (nom que portait alors la cité), Godelime, comtesse de Chartres, et Lémisse, comtesse du Perche, avaient construit en ce lieu un couvent de Chanoines et d'Hospitalières, dont l'église et les cloîtres furent bénits, le 5 mai 835, par Saint Aldric, archevêque de Sens. Deux siècles plus tard, le comte Thibault, frère d'Etienne, comte de Troyes, offrait ce monastère à Odon, abbé de Saint-Germain d'Auxerre, à condition que celui-ci y mettrait, pour chanter l'office divin de jour et de nuit, un nombre suffisant de religieux, sous la conduite d'un *prieur* : de là, le nom conservé jusqu'à nos jours. Toutefois, les chanoines ne voulant point abandonner leur rési- dence, ce ne fut que cent ans après, et lorsque Thibault II, dit le Grand, eut renouvelé la donation de son aïeul, que les moines purent en prendre posses- sion. En 1330, le monastère fut mis en commende par le Pape Jean XXII ; il disparut avec la Révolution.

Deux maisons se trouvent actuellement sur le Prieuré ; sur l'une d'elles, on voit encore, du côté ouest, un contrefort et des traces de porte cintrée ; du côté Est, un rond-point d'abside ou chœur d'église. Voilà tout ce qui reste du passé. Aujour- d'hui, *le Prieuré* est une promenade publique ; un kiosque y a été récemment élevé, et la fanfare de la Ville y donne des concerts justement appréciés.

Monuments, Maisons anciennes
Souterrains

Du haut du Prieuré, on aperçoit la toiture pointue d'une vieille *tour*, la seule existant encore des sept qui, autrefois, servaient à la défense de Saint-Florentin. Cette ville, dont l'origine se perd dans la nuit des temps, avait été très anciennement entourée de fortifications. Au XVI⁰ siècle, elles tombaient en ruine ; le roi Charles IX, par une charte du 10 janvier 1570, accorda l'autorisation de les reconstruire. Mais, dans la suite, ce mode de protection ayant été abandonné, les membres du Conseil de Fabrique de Saint-Florentin présentèrent une requête à Bignon, Intendant de la Généralité de Paris, afin d'obtenir une de ces tours pour loger quatre des cloches de la paroisse. Bignon, d'ordre du roi, le 22 septembre 1712, leur concéda celle où elles sont encore aujourd'hui. Les six autres, après avoir été louées pendant quelques années (1783-1794), furent vendues et démolies.

La Tour des Cloches n'a rien de commun avec le *Fort de Brunehaut*, qui fut détruit par Pépin-le-Bref dès son avènement au trône, et dont l'emplacement se trouvait en dehors de la ville, au delà du *Faubourg du Pont*.

Au pied de la tour, sur la rue Basse-du-Rempart, est la place dite *de la Montagne* : on y a transporté un monument élevé à la mémoire des Enfants du pays, morts pendant la guerre de 1870-71. A côté, un escalier de 52 marches conduit directement au *Faubourg d'Aval*. Plus loin, en se dirigeant vers l'est, sur la gauche, un vieux pan de mur des anciennes fortifications soutient de hautes terrasses ;

tandis que, sur la droite, une pittoresque descente, nommée *rue Montante,* va aboutir à la rivière d'Armance.

Vis-à-vis, prend la *rue de la Poterne,* proche de laquelle la rue Basse-du-Rempart est terminée par un énorme bâtiment, surmonté d'un petit lanternon : c'est l'*Hôtel de Ville.* Cette grande construction fut édifiée, en 1701, par Louis Phélypeaux, seigneur de la Vrillière, ministre des Affaires générales de la Religion réformée et seigneur de Saint-Florentin, pour y installer la mairie, la justice et les greniers à sel. En 1790, la municipalité, voulant en faire sa maison commune, la loua à la duchesse d'Aiguillon, petite-fille de Louis Phélypeaux, et, en 1813, l'acheta aux Moreton de Chabrillan, héritiers de la duchesse. Les sous-sols, soigneusement voûtés, furent transformés en halle au blé ; puis, lors de la création de la halle au blé actuelle, en halle aux laines et en remise des pompes à incendie ; le rez-de-chaussée comprit la prison et le théâtre, qui, maintenant, dans ses dépendances, a absorbé la prison ; au premier étage, se trouvent la *Mairie,* la *Justice de Paix* et un *Musée.*

La *Halle aux Grains* a été construite, en 1843, sur l'emplacement d'un ancien mail, autrefois planté de beaux arbres et très fréquenté par nos pères. Ce mail était borné : au sud, par le cimetière Saint-Martin qui, primitivement, entourait une très ancienne église dédiée à ce saint, et près duquel commençait le faubourg du même nom ; à l'ouest, par la porte Saint-Martin, et par une dépendance du prieuré de Dilo, dont il reste une tourelle, avec un escalier de pierre en colimaçon, une porte plein cintre avec, au fronton, un cartouche mutilé, et l'huis en bois, orné d'armoiries sculptées (1). Un peu plus loin, toujours à l'ouest, la Porte de Dilo, masse carrée avec herse, poterne et pont-levis, fermait la *rue Dilo*, parallèle au Mail, lequel se terminait, au nord, par un monticule surmonté d'une croix et entouré d'arbres semblables à ceux de la promenade. Tout le côté Est était occupé par le couvent des Capucins, religieux que réclamèrent, en 1621, les habitants, et qui furent installés dans la propriété d'Edme Regnault, fils d'un conseiller au Parlement de Paris, lui-même président de l'élection de Saint-Florentin et seigneur de Duchy. Les Capucins, au nombre de cinq et d'un gardien, se dispersèrent en 1791. Leur chapelle, convertie en grange, existe encore. Sur une partie de leur enclos, faisant face à la Halle, se trouve un *Asile de Vieillards*, inauguré en 1895 (fondation Riquement) ; sur une autre partie de ce même enclos, mais avec entrée faubourg Saint-Martin, est l'*Ecole communale de Garçons*.

Au-delà de la porte de Dilo, se continuait un vaste faubourg, à l'extrémité duquel on voyait, au Moyen-Age, le château de Boilibeaux ou de Bocquelibaux. La contrée en a gardé le nom, quoique nulle trace n'en soit restée ; pas plus que du prieuré de Prémontrés, succursale de la riche abbaye de Dilo, situé également dans ce faubourg, ni de celui de Bénédictins, relevant de l'abbaye de Moutiers-la-Celle, bâti au bout du faubourg Saint-Martin. Ont

---

(1) Sur la droite de cet écusson se trouve *une barre*, et sur la gauche, *une fasce, accompagnées l'une et l'autre d'une rose en chef et d'un trèfle en pointe.*

On arrive à cette tourelle en passant sous un porche qui est à droite, au fond de la *rue du Colombier.*

également entièrement disparu, le couvent des Augustins de Saint-Martin-ès-Aires, et celui des chanoines de Saint-Urbain de Troyes qui possédaient rue Sainte-Colombe, dans le faubourg d'Aval, un spacieux établissement. La chapelle, passée à l'état de grange, comme tant d'autres, fut entièrement consumée, ainsi que tout le quartier, par le terrible incendie du 1er avril 1813.

La *place Dilo* s'étend devant l'emplacement de l'ancienne porte de Dilo ; à sa suite, la *rue de Betbéder* se dirige vers l'ouest : elle n'est autre que les vieux fossés de défense ou fossés Guétat, comblés vers 1864, et débaptisés pour rappeler le souvenir d'une bienfaitrice du pays. Sur la droite, la *Caisse d'Epargne*, bâtiment récent, bizarre, spécimen de ciment comprimé ; plus loin, l'*Ecole communale de Filles* et l'*Ecole maternelle*.

Du côté opposé, *la place des bouchers* ou *place Edmond Vérolot* (du nom d'un autre bienfaiteur de la ville, ancien notaire, ancien maire). Au croisement de cette place et de la Grand'Rue se dressait la porte de Saint-Florentin, plus communément appelée porte d'en Bas ou porte de la Prison, et formée de deux tours très élevées et d'un massif pour la herse et le pont-levis. De là partait le faubourg de Landrecies. Aujourd'hui, la *Grand'Rue* se continue jusqu'à l'entrée du *faubourg de la Maladrerie*, qui doit son nom à une léproserie bâtie au xiiᵉ siècle. A quelques pas de l'emplacement de la porte de Saint-Florentin, on rencontre, sur la droite, *l'Hôpital*. Construit en 1739, par les soins de Jean Billebault, contrôleur du roi au grenier à sel, il avait été confié aux Dames de Sainville ou Sœurs de la Présentation de Tours. Elles y restèrent, sous des habits séculiers, pendant toute la Révolution, mais furent obligées, pour cause de laïcisation, de le quitter en 1881. Un peu plus bas, *la Gendarmerie* occupe l'ancienne Poste aux chevaux, dans laquelle *la Prison* est également installée.

En remontant *la Grand'Rue*, on trouve, à l'angle de la ruelle du *Courtillon*, appelée par corruption Courquillon, *le Presbytère*, très vieille maison appartenant, au XVIIᵉ siècle, à la famille Regnard, et où logèrent, en avril 1631, le roi Louis XIII et le cardinal de Richelieu ; au printemps 1667, le roi Louis XIV. Afin de perpétuer la mémoire de ce double événement, Robert Regnard fit sculpter, au-dessus de la porte d'entrée, les armes de France, que le marteau révolutionnaire mutila en 1792. L'histoire locale rapporte que plusieurs autres souverains séjournèrent à Saint-Florentin : le pape Calixte II y vint en juillet 1119 (1) ; Jeanne de Navarre, en 1284 ; Philippe de Valois et Jeanne de Bourgogne, sa première femme, en 1343 ; Blanche de Navarre, sa seconde femme, en 1353 ; Jean-le-Bon, en 1363 ; Charles V, le Sage, en 1376 ; Charles VII et Jeanne d'Arc, en juillet 1429.

La maison qui fait l'angle opposé de la ruelle, renferme une *salle souterraine* extrêmement curieuse, on y descend par deux escaliers dont l'un, composé de quinze marches, prend naissance dans la Grand'Rue ; l'autre, ménagé dans l'épaisseur d'un mur, contourné en spirale, très étroit et complètement obscur, est formé de vingt-trois marches. La

---

(1) Il y expédia des bulles pour l'abbaye de Saint-Vincent de Senlis, le 3 des nones de juillet de cette année-là.

salle à laquelle ils aboutissent, d'aspect régulier, a
8 mètres 80 de long, sur 8 mètres 55 de large ; elle est
divisée en trois nefs, presque égales entre elles dans
toutes leurs dimensions. Les voûtes de ces nefs sont
ogivales ; leurs nervures correctes viennent retomber
au milieu de la salle sur deux piliers, et, au pourtour,
sur dix corbeaux incrustés dans les murs. La
hauteur des nefs, sous leur clef de voûte, était
originairement de 4 mètres 30. Un enfoncement du
côté sud, terminé par le mur relativement récent
qui soutient la façade de la maison, continue la nef
du milieu ; il est de même largeur, mais sa voûte est
plein cintre, et son sol est plus élevé d'un mètre ;
tandis qu'en avant, une excavation, au fond de
laquelle on arrive par six marches, sert d'entrée
à un certain nombre de galeries se dirigeant dans
toutes les directions, et ayant permis autrefois de
communiquer avec l'enceinte fortifiée, avec les
habitations de la ville, et probablement avec l'exté-
rieur. Elles ont 1 mètre 25 de largeur et 2 mètres 10
de hauteur. Il est aujourd'hui impossible de les
explorer, chaque propriétaire s'étant emparé du
tronçon de souterrain qui passe sous son immeuble,
et l'ayant muré aux deux extrêmités.

Quelques maisons plus haut, toujours à gauche
(photographie Gagon), on remarque, faisant saillie
dans l'intérieur d'une pièce, une pierre ornée d'un
personnage sculpté, et, à l'entrée de la cave, un
corbeau, soutenant une vieille poutre, sur lequel
est un écusson portant *une bande frettée, accompagnée de deux coquilles, l'une en chef, l'autre en pointe.*
En continuant de monter la Grand'Rue, sur la droite,
une maison, avec balcons en fer forgé (épicerie Massé),

rappelle le souvenir de l'avant-dernier et célèbre abbé de Pontigny, Dom Chanlatte, à qui elle appartenait : elle donne sur la *place des Fontaines*. La fontaine actuelle, alimentée par une abondante source captée en pleine forêt d'Othe, date de 1875. Sans cachet ni caractère, elle a remplacé une œuvre remarquable de la Renaissance, dont le réservoir recevait les eaux de la montagne des Conches, distante d'environ un kilomètre (ouest) de la ville. Trois dragons de bronze, appuyés aux pans d'un socle d'où s'élançait une gracieuse colonne, que d'anciennes reproductions montrent comme ayant été, à l'origine, surmontée d'une croix, jetaient l'eau dans un bassin octogonal ; une inscription, devenue indéchiffrable, était burinée sur la colonne en lettres gothiques. Cette fontaine, tombant en ruine, fut démolie en 1859. Toutes les pierres, à l'exception de deux seulement, ont été converties en cailloux, et les dragons, vendus en 1861 à un brocanteur de Sens, sont aujourd'hui au musée de Cluny, à Paris.

Place des Fontaines, débouche la *rue de l'Hôtel-de-Ville*, au fond de laquelle se trouve l'entrée de cet édifice. Une grande maison, située vers le milieu, sur la gauche (maintenant café Fays, menuiserie Roland et habitation Autun), était, en 1793, la propriété de M. Thimothée de Feu, chef de la légion des gardes nationaux du district. Celui-ci, durant le régime de la Terreur, dût, malgré sa protestation, la louer toute meublée à la municipalité pour y incarcérer les suspects : on la nommait *la Maison des Détenus*. Un certain nombre d'habitants de Saint-Florentin et des environs y furent enfermés.

En suivant la *rue de Clamecy*, on tombe *rue du Puits*, où *la Poste* a succédé à l'école communale de garçons, transférée rue du Faubourg Saint-Martin en 1886, et qui, primitivement, avait été installée dans les bâtiments de l'ancien Collège, fondé par arrêt du Conseil du roi, rendu le 10 mai 1777, à la demande du duc de la Vrillière, comte de Saint-Florentin. Cet établissement avait son entrée dans la rue parallèle à la rue du Puits, et il lui a laissé le nom de *rue du Collège*. Non loin de la Poste, un étroit passage conduit à une porte à cintre surbaissé, dont le sommet est décoré d'un écusson, sur lequel on distingue encore *un chevron accompagné en chef, à dextre, d'un trèfle, à senestre, d'une rose, et, en pointe, d'un coq passant, crêté et contourné.*

A l'entrée du passage, on remarque un vieux pan de bois, supporté par une poutre formée de deux grosses moulures superposées, que soutiennent dans leurs gueules, munies de fortes mâchoires, quatre têtes d'animaux, et un poteau cornier, dont le haut est orné d'un cep de vigne, garni de feuilles et de raisins ; sur le cep, s'allonge un énorme escargot ; au bas, le buste d'un vigneron à mine réjouie. Du côté opposé de la rue, vis-à-vis de la *rue de Chèvre*, un escalier de pierre conduit à une maison Louis XIV, ayant son entrée *place de l'Eglise* ; sur le fronton de la porte, un écusson rond, entouré de deux branches de rosier, mais complètement mutilé, a conservé intacte la date de 1670.

Eglise

L'Eglise, classée en 1842 au nombre des monuments historiques (1), mérite, bien qu'elle n'ait jamais été achevée, l'attention des touristes dont elle reçoit journellement la visite.

Le *Portail Nord*, commencé en 1611 et terminé en 1613, est précédé d'un grand escalier de pierre, autrefois d'aspect très pittoresque, et au bas duquel étaient deux lions ; l'un tenant l'écu de France ; l'autre, les armes des Phelypeaux de la Vrillière, seigneurs de Saint-Florentin. En haut, d'un côté, Moïse avec les tables de la loi ; de l'autre, Aaron avec l'encensoir. Lors de la reconstruction de cet escalier, en 1875, Moïse et Aaron furent placés devant deux niches du portail, trop petites pour les contenir. Les deux lions, mutilés, gardent actuellement l'entrée de la Caisse d'épargne.

Le *Portail Sud* est postérieur d'une vingtaine d'années au portail nord : sur le contrefort de gauche on lit la date de 1637, et, sur le milieu du pignon, celle de 1639. A l'un des angles du même contrefort, on aperçoit un cadran solaire, sous lequel est gravée cette inscription : *Me sol, vos umbra regit* (le soleil me dirige ; l'ombre vous gouverne).

Le *Transept* qui relie ces deux portails, est du XVIIe siècle, tandis que le *Chœur*, le *Sanctuaire*, le

---

(1) La lettre du ministre de l'Intérieur, en date du 5 août 1842, annonçant officiellement au préfet de l'Yonne que l'église de Saint-Florentin était mise au nombre des monuments historiques, lui apprenait en même temps que Viollet-le-Duc avait été choisi pour faire un rapport sur l'état de cet édifice et sur les réparations dont il avait besoin. — Dans la suite, Mérimée et Carisiie furent également chargés d'étudier les moyens à employer pour sauver de la ruine ce remarquable monument, dont la restauration fut exécutée sous la direction de M. Piéplu, architecte départemental.

Déambulatoire, avec ses quatre chapelles et ses fenêtres ornées de vitraux anciens du plus grand prix (1), remontent, selon les uns, au xvᵉ siècle, et, selon les autres, au xvıᵉ siècle seulement. La *Tribune des Orgues* n'a été élevée qu'en 1862, après l'importante restauration de l'église (1857 à 1861).

Un *Jubé*, de 1600, dont la frise porte de délicieux ornements, ferme le chœur.

Au-dessus d'un petit autel, à gauche, les statues de *Saint Eloi* (xvıᵉ siècle) et de *Saint Jean de Matha* (xvııᵉ siècle), classées par la Société des Monuments historiques ; sur l'autel de droite, celles de *Saint Honoré*, d'un religieux et d'un évêque (xvıᵉ siècle), également classées. Entre cet autel et le jubé, une statuette en marbre de *Sainte Catherine* (xıvᵉ siècle), classée ; à l'entrée du déambulatoire, côté sud, dans une niche, un *Ecce Homo* (xvıᵉ siècle), classé.

Le déambulatoire est terminé, de chaque côté, par une clôture de pierre, formée de colonnes corinthiennes et établie sur la même ligne que le jubé. En y pénétrant par l'entrée qui se trouve près de l'*Ecce Homo*, la première chapelle que l'on voit, est celle de *Saint Nicolas* ou des *Fonds Baptismaux*. Une *Colonnade* (1539) finement ouvragée et très admirée, avec porte plein cintre, la sépare du reste de l'église. Contre le mur Est, saint Nicolas est debout sur une console ornée d'un motif sculpté représentant un trait de sa vie : *il jette une bourse dans la maison d'un gentilhomme pauvre et malade pour sauver ses filles du déshonneur* ; aux pieds du saint, trois enfants s'ébattent dans un baquet.

---

(1) La beauté de ces vitraux, très appréciés des connaisseurs, nous a entraîné à en donner une description complète et détaillée qui permettra au touriste de les étudier plus rapidement.

Verrière en Grisaille (1539) : neuf tableaux sur trois rangs.

Premier rang du bas : Mariage de la Vierge avec saint Joseph, l'Annonciation, la Visitation.

Deuxième rang : la Nativité, le Songe de saint Joseph, la Fuite en Egypte.

Troisième rang : l'intérieur de Nazareth, Jésus au milieu des Docteurs, la Mort de saint Joseph.

Dans les lobes : des Anges tenant des instruments de musique.

Dans l'ogive : le Père Eternel, la main levée pour bénir.

Au bas du mencau central, la mention suivante : *Restauré par Lévêque* (1871), *peintre-verrier à Beauvais.*

Les *Armoiries* que l'on aperçoit dans le premier compartiment de gauche, en haut, appartiennent aux Darengette ou aux Thierriat, familles dont les armoiries étaient à peu près semblables : *D'argent, à deux cotices, l'une de gueules, l'autre de sinople, accompagnées, en chef, d'une molette de sable à huit rais et d'un trèfle de sinople, et, en pointe, d'une moucheture d'hermine et d'un trèfle de sinople.* Les armoiries du premier compartiment de droite sont : *Parti : d'argent, à deux cotices, l'une de gueules, l'autre de sinople, accompagnées en chef et, en pointe, d'une moucheture d'hermine et d'une croix tréflée d'argent, ombrée de sable ; et d'azur, à la rencontre de cerf de sinople, accompagnée de trois trèfles de même, un en chef, deux en flancs,* qui est Duguet. (1)

---

(1) Cette apposition de couleur sur couleur, comme celle de métal sur métal, qu'on rencontrera dans plusieurs des armoiries que nous avons à décrire, peut être une erreur du peintre-verrier.

La *Chapelle* suivante, qui occupe deux travées, est celle *de la Vierge*. L'autel gothique est surmonté d'un fort beau retable (début du XVIᵉ siècle), que décorent une Vierge portant entre ses bras l'enfant Jésus, une sainte Reine et une Martyre, toutes statues du XVIᵉ siècle, classées. Sur le côté, une jolie *Piscine* de même style que le retable.

Trois Verrières dans cette chapelle.

Première verrière, tronquée et placée derrière le retable : *l'Arbre de Jessé.* — *Au milieu du vitrail*, le patriarche Jessé est assis et endormi, la tête appuyée sur le tronc de l'arbre. A côté, *dans le lobe de droite :* David, Josias, Josaphat. *Dans le lobe de gauche :* Salomon, Asa, Roboam. — *Au-dessus, à droite :* Osias, Joram, Achaz. *A gauche :* Abiam, Ezéchias, Amon. — *Au sommet :* la Vierge Marie et son divin fils, Jésus-Christ. — *Au bas du vitrail, à gauche :* la Vierge tenant le Christ mort sur ses genoux ; *au milieu et à droite*, les donateurs entourés de leur fils et de leurs quatre filles. *Au-dessus du donateur*, ces armoiries : *Ecartelé, aux 1 et 4, d'argent, à un tourteau de sable ; aux 2 et 3, de gueules, à l'aigle d'or au vol abaissé, et, brochant sur le tout, une croix d'azur, chargée en cœur d'une comète d'or à huit rais.* — *Au-dessus de la donatrice*, un phylactère avec ces mots : *O Vierge, de par nécessité, notre secours.*

A gauche de l'autel, on remarque, sur une des colonnes du pilier, un écu chargé de ces armoiries : *de gueules, à trois roses d'or tigées et feuillées de sable* (1), et une banderole sur laquelle se trouve le nom de *Pierre Chubrier, prêtre.*

---

(1) La peinture de ces armoiries est moderne.

Deuxième verrière : L'Assomption. Au sommet de l'ogive, le Père Éternel ; au-dessous, d'un côté, l'Ange Gabriel, et de l'autre, la Vierge, avec la légende : *Ave, gratia plena, Dominus tecum... Et concepit de spiritu sancto. — Tableaux principaux :* A gauche, la Nativité de Notre Seigneur ; à droite, l'Adoration des Mages ; au milieu, l'Assomption. Au pied de la Vierge, soutenues par deux anges, les armoiries de la famille Brouillard de Coursan : *d'argent, à deux léopards de gueules, armés et couronnés d'argent, l'un sur l'autre.*

Arcades du soubassement : à gauche, Guillaume Cornu, à genoux devant un prie-Dieu, sur lequel se voient des armoiries parlantes : *d'azur, à deux cornes de cerf d'or, séparées par une étoile à six rais de même ;* au milieu, un laïque agenouillé devant un prie-Dieu, et, derrière lui, également agenouillés, deux adultes, dont l'un est revêtu d'un surplis ; enfin, à droite, deux femmes à genoux, l'une devant un prie-Dieu, à l'un des côtés duquel apparaissent les armoiries suivantes : *de sable, à deux coquilles oreillées d'argent, en chef, et une étoile d'or à six rais en pointe.* Sur l'entablement des arcades a été mise cette mention : « *L'an 1524, honorable et sage maître Guillaume Cornu a donné cette verrière.* » Au-dessus des cintres sont deux distiques latins :

Quos isto dignos offert Coursanus honore
His Senonum pastor dat pia sacra viris.
Uteris, Eusébi, his titulis, Cornute sacello,
Coursanicus tribuit ; tu, hæc rata, pastor, habes.

(L'archevêque de Sens donne ce sanctuaire à ceux que le seigneur de Coursan présente comme dignes de cet honneur. Eusèbe Cornu, vous posséderez cette chapelle à ce titre ; c'est le seigneur de Coursan qui vous confère ce bénéfice ; et vous, Prélat, vous en ratifierez la collation).

Troisième verrière : ·Le Couronnement de la Vierge. Au sommet de l'ogive : le Saint-Esprit ; *au-dessous,* la Visitation, avec ces mots de sainte Elisabeth : *Benedicta tu in mulieribus...*, et la réponse de la Vierge : *Magnificat anima mea Dominum...*

Dans le meneau de gauche, la Présentation ; *dans celui de droite*, la Purification ; *au milieu*, le couronnement de la Vierge par la sainte Trinité. *Dans les arcades :* la donatrice, au milieu ; son père, à droite ; son mari, à gauche; tous trois accompagnés de leurs patrons.

Au-dessus des cintres, on lit : « *L'an 1867, dame Cécile Hugot, veuve de M. Denis Guiollot, médecin et maire de la ville, a donné cette verrière en son nom et en mémoire de son mari et de M. Charles Hugot, avocat, son père.* »

Sur le pilier qui sépare ces deux verrières, un écu porte ces armoiries : *Parti : de gueules, à la fasce d'argent chargée de deux roses d'or; et de gueules, à la bande d'or, accompagnée, en chef, d'une corneille d'or, et, en pointe, d'un trèfle de même.* (Peinture moderne).

Face à l'autel : statue classée, *la Vierge et l'Enfant*, pierre peinte du XVI° siècle.

Le premier entrecolonnement du chevet n'a qu'une verrière tronquée, à cause du toit de la sacristie qui y est adossé : c'est celle de *l'Immaculée Conception.*

Au sommet de l'ogive : le Père Eternel avec cette légende : *Amica mea et macula non.*

Dans le meneau central : la Vierge immaculée, entourée de nuages ; au-dessus de sa tête, une étoile d'or, et, sur une banderole, les mots : *Stella maris.*

Dans le reste de la verrière, des figures emblématiques de la Sainte Vierge, avec leurs inscriptions gothiques tirées du *Cantique des Cantiques*, de *l'Ecclésiastique*, du *livre de la Sagesse* et d'*Ezéchiel*. *A gauche*, en allant de haut en bas : un miroir, avec l'inscription : *Speculum sine macula* ; un rosier chargé de fleurs, *plantatio rose(œ)* ; une porte de ville, *porta ce(œ)li* ; une tige fleurie, *V. (irga) Jesse radix* ; un puits, *puteus aquaru(m) viventiu(m)* ; une fontaine, *fons ortorum*, que certains croient avoir été inspirée à l'artiste verrier par l'ancienne fontaine de la ville ; enfin, comme encadrement, un cèdre, avec, le long de sa tige, *cedrus exu(a)ltata*.

Dans le meneau de droite, toujours de haut en bas : un lis, avec l'inscription : *sicut lilium inter spinas* ; une tour fortifiée, *turris David* ; une ville entourée de murailles, *civitas Dei* ; un jardin environné d'une clôture, *hortus conclusus* ; un olivier, faisant pendant au cèdre, et, également le long de sa tige, ces mots : *oliva speciosa*.

Au-dessus des meneaux, le soleil, avec cette devise : *electa ut sol*, et la lune : *pulchra ut luna*.

A l'angle de gauche, dans un cartouche, cette ins- cription : *Le 25e jour de mars 1525, vénérable et discrète personne, Gratien Chubrier, prêtre, a fait faire cette verrière en l'honneur de Dieu et de la Conception de la Vierge Marie. Priez Dieu pour lui et tous trépassés.*

A l'angle de droite : le donateur agenouillé, revêtu d'un surplis et accompagné de son patron ; sur son prie-Dieu, un écusson, avec ses armoiries : *de gueules, à la croix d'azur, cantonnée, aux 1 et 4, d'une aiglette d'or, aux 2 et 3, d'une rose d'argent, et chargée en cœur d'une comète d'or à huit rais.*

Au-dessous du cartouche, se trouve cette mention : *Les verrières des bas-côtés ont été restaurées en 1863,*

sous la direction de M. Piéplu, architecte du département, par Veyssière, frères, peintres-verriers à Seignelay (Yonne).

Le vitrail qui vient ensuite, retrace la *Création du monde.*

La partie supérieure, en forme de fleur de lis, renferme, dans son lobe principal, un Christ en croix dominant l'ensemble, avec, de chaque côté, le portement de croix, et les saintes femmes tenant des parfums.

Dans les deux lobes secondaires, la Sainte Vierge et saint Jean l'Evangéliste ; au-dessous la Visitation, avec la première phrase du *Magnificat* et les mots : *Beatus venter qui te portavit. Dans le reste de l'ogive :* l'Annonciation *(Ave, gratia plena, Dominum tecum),* la Nativité, la Circoncision, l'Adoration des Mages.

Les meneaux contiennent dix-huit tableaux sur trois rangs : 1e Dieu en présence du chaos. — 2e Dieu crée la lumière. — 3e Il crée le soleil et les astres. — 4e Il sépare la terre et les eaux. — 5e La terre produit de l'herbe et des arbres. — 6e Création des animaux. — 7e Création de l'homme. — 8e Création de la femme. — 9e Dieu défend à Adam et à Eve de manger du fruit de l'Arbre de la Science. — 10e Le serpent tente Adam et Eve, qui mangent du fruit défendu. — 11e Dieu leur reproche leur désobéissance. — 12e Ils sont chassés du paradis terrestre. — 13e Adam construit un abri pour lui et sa famille. — 14e Caïn et Abel offrent à Dieu leurs sacrifices. — 15e Caïn tue son frère Abel. — 16e Caïn vagabond. — 17e Le donateur, agenouillé ayant derrière lui Saint Pierre debout et ses trois fils à genoux. Sur le côté de son prie-Dieu, son écusson :

écartelé : aux 1 et 4, d'or, au chevron d'azur, accompagné de trois têtes d'oiselets arrachées et tresquées de même, 2 et 1 ; aux 2 et 3, d'azur, au chevron d'or, accompagné, en chef, de deux roses d'argent, et, en pointe, d'une coquille de même, qui est Chattonrupt. — 18e La donatrice, à genoux ; près d'elle Saint Antoine debout, et, derrière elle, ses trois filles agenouillées ; sur son prie-Dieu, ses armoiries : écartelé : au 1, d'or, au chevron d'azur, accompagné de trois têtes d'oiselets arrachées et tresquées de même ; au 2, d'azur, au chevron d'argent, accompagné en chef, de deux roses, et, en pointe, d'une coquille, le tout d'argent ; au 3, d'azur, au chevron d'or, accompagné de trois roses de même, qui est Vitel ; au 4, d'azur, à deux oiseaux affrontés et surmontés d'un lambel, le tout d'argent, au chef de gueules, chargé de trois étoiles d'or à six rais.

Dans le haut de ces deux derniers tableaux, des phylactères avec ce verset du *Miserere : Averte faciem tuam a (pec)catis nostris, — Et omnes iniquitates nostras dele.*

Au bas du vitrail, dans les quatre meneaux de gauche, ces quatrains :

I

Dieu, le souverain psalmateur,
Comme met le législateur en genèse,
Il créa au commencement
Le beau ciel, et puis la terre pareillement.

II

Bêtes, poissons, oiseaux, plantes,
En orna par sa sainte puissance ;
Et puis, pour tout parfaire, créa
L'homme et la femme à sa ressemblance.

III

Tout vint en leur jouissance ;
Mais, plein d'envie, le serpent inique
Les fit, par leur désobéissance,
Priver de la gloire déifique.

IV

Esine fut la Vierge Marie
Pour cette réparation ;
Car Jésus-Christ, vrai fruit de vie,
Prit en elle incarnation.

Dans les deux derniers meneaux : Pierre de Provins, seigneur de Viaspre et de Rosières, eslu en l'élection de

Nemours, receveur fiscal à Saint-Florentin, et damoiselle Anthoinette de Vitel, sa femme, ont donné cette verrière, l'an 1525. — Priez Dieu pour eux. »

Les deux piliers qui encadrent cette verrière, portent, celui de droite, la statue de Saint Roch, et celui de gauche, celle de Saint Jacques, toutes deux classées par la Société des Monuments historiques.

L'entrecolonnement suivant, placé dans l'axe du chœur, contient *la verrière de Saint Martin,* premier patron de la ville.

Les meneaux renferment douze tableaux :

I. — *Naissance*

Saint Martin naquit en Hongrie,
Dans un village nommé Sabarie,
Et fut nourri en Italie,
Dans la ville de Praxié.

II. — *Education*

Droit à six ans mis à l'école,
De vertu apprit le chemin ;
Puis, à dix ans, bien le recole,
A Dieu fut fait cathécumin.

III. — *Il est Soldat*

Du commandement de son père,
A Constantin servir s'applique.
Et lui fait foi. La chose est claire,
Combien que ce lui fust inique.

IV. — *Il donne la moitié de son manteau*

Droit à la porte d'Amiens,
Au pauvre son manteau départ ;
Jeunes le virent et anciens,
Même Julien l'Apostat !

V. — *Jésus apparaît revêtu du demi-manteau*

Dieu s'est démontré revestu
Du demi-manteau saint Martin ;
Duquel le pauvre avait vestu,
Par pitié de courraige enclin.

VI. — *Baptême*

Puis, environ vingt-deux ans,
Saint Hilaire le baptiza ;
A vingt-quatre ans, soyez certain,
Exorciste et nommé l'ordonna.

VII. — *Apparition du Démon*

Le diable, qui toujours met peine
A décevoir l'humain lignage,
Saint Martin, par son outrage,
Voit soubz sor *(sic)* humaine.

VIII. — *Conversion d'un Brigand*

Deux larrons pleins d'iniquité
Voulurent occire saint Martin ;
Le tiers, le coup, pour vérité,
Retint, et fut converti enfin.

IX. — *Il est sacré Evêque*

De saint Hilaire fut consacré
Archevêque de Tours, pour vrai,
Dont tout le monde, en vérité,
Fut réjoui tout sans délai

X. — *Il bâtit un Monastère*

Et pour demener vie austère,
Près de Tours fit édifier
Un très noble monastère,
Que l'on appela Moustier

XI. — *Il est chassé par les Ariens*

Lui estant à Milan, preschant
Au peuple la foy catholique,
Fut expulsé par les hérétiques,
Que l'on appelle Ariens.

XII. — *Miracle*

Couleuvres et serpents gastoient
Et infestoient tout le pays ;
Mais saint Martin les transmit
Oultre personne que passer n'osoient.

Dans le haut de l'ogive : Mort de Saint Martin ; il est couvert d'un cilice ; un de ses religieux l'assiste, et, à sa gauche, on aperçoit le diable qui, selon la légende, serait venu le tourmenter à ses derniers moments. — *A côté,* des religieux prient près de sa couche ; *vis-à-vis,* un trait de sa vie : il est arrêté par deux voleurs et attaché à un arbre. *Au-dessous* sont deux sujets expliqués par ces inscriptions : A droite : *Saint Martin abat les idoles et détruit un temple de païens ;* à gauche : *En la messe, à l'élévation, un ange lui apporte un ornement précieux.*

Au milieu du vitrail, les armoiries des donateurs, dont les portraits remplissent les XIIIe, XIVe et XVe tableaux de la verrière. Dans le XIIIe, Louise de Roffey, ayant Saint Louis debout derrière elle, est à genoux devant un prie-Dieu, sur le côté duquel sont répétées ses armoiries : *d'argent, au chevron de gueules, accompagné de trois trèfles de sinople.* Dans le XIVe, François de la Roère, en costume de chevalier, avec, près de lui, Saint François debout, et, derrière lui, ses trois fils agenouillés, est lui-même à genoux ; sur son prie-Dieu, se retrouvent aussi ses armoiries timbrées d'un casque, taré de profil : *d'argent, à la croix de sable, ancrée en chef et en pointe, patée en flancs, et vidée en cœur.* Dans le dernier tableau, Hilaire Raguier, à genoux devant un prie-Dieu portant un écusson à ses armes : *d'argent, au sautoir de sable, cantonné de quatre perdrix au naturel et à la bordure de gueules,* a Saint Hilaire debout à ses côtés, et ses trois filles agenouillées derrière elle.

Au-dessous, cette inscription :

« *Damoiselle Louise de la Roère, dame de Chamoy, veuve de feu Jacques de la Roère, en son vivant seigneur de Chamoy; François de la Roère, escuyer, fils unique dudit Jacques de la Roère et de Roffey, seigneur dudit Chamoy, et damoiselle Hilaire Raguier, femme dudit François de la Roère, dame de Fontaine-lez-Saint-Georges, eulx trois ensemble, ont donné cette verrière, en l'honneur de Dieu et de Monsieur Saint-Martin, l'an 1528 ; priez Dieu pour eulx et leurs prédécesseurs. »*

Au pied de cette verrière est un admirable morceau d'architecture et de statuaire, sans contredit le chef-d'œuvre ornemental de l'église, et une des merveilles religieuses de l'Yonne. Le sujet principal, placé sous un arc surbaissé, est *la Résurrection* de Notre Seigneur, exprimée avec un art parfait. Le Christ sort du tombeau au milieu des gardes terrassés, dont l'un est affaissé sur une pierre, portant la date de 1548. Dans le coin opposé, saint Pierre, blotti dans une anfractuosité du roc, pleure sa faute et la mort de son maître. A gauche du Christ, on aperçoit les saintes femmes venant au sépulcre, et à droite, dans le lointain, les disciples d'Emmaüs. La face externe de l'arc, son archivolte, sa frise et les côtés sont ornés des scènes de la Passion, exécutées en bas-reliefs. *Sur le côté droit*, le lavement des pieds ; *sur le côté gauche*, la Cène ; *sur la frise*, l'agonie de Jésus au Jardin des Oliviers, la trahison de Judas, la flagellation et le portement de croix. Ces quatre derniers tableaux sont séparés par cinq anges tenant des cartouches, sur chacun desquels est tracé l'un des mots : *Christus passus est pro nobis.*

Une centaine de personnages, plus ou moins mutilés par le vandalisme révolutionnaire, figurent dans cette composition, au-devant de laquelle est un autel décoré de deux bas-reliefs. L'un représente un ange, ayant à la main un cartouche avec l'antienne : *Regina cœli lœtare*, etc. ; l'autre, la Vierge, avec, à ses pieds, le donateur prosterné. Sur un phylactère est l'invocation : *Ora pro nobis Deum*. Entre ces deux panneaux se trouve un petit pilastre, au milieu duquel sont les lettres A M, de chaque côté d'une croix gravée sur un petit écusson. Au-dessus, la date de 1536 ; au-dessous, les trois lettres Z Z N.

Sur la corniche de l'autel, on lit l'inscription suivante : « *Mortuus est Christus propter delicta nostra, et resurrexit propter justificationes nostras.* » Enfin, *sur l'entablement du retable*, on aperçoit quelques restes indéchiffrables d'une inscription en minuscules gothiques.

Tout ce bas-relief de la Résurrection est classé, ainsi que *la Pieta* (xve siècle), qui lui fait face sur l'entablement de la clôture du chœur.

La verrière suivante rappelle l'*histoire de Saint-Florentin*.

A la pointe de l'ogive, le saint en armes et à cheval. *Dans les lobes* : à gauche, Saint Aphrodite et, à droite, Saint Hilaire, ses deux compagnons, martyrs.

De chaque côté de saint Florentin, deux anges : l'un touchant de l'orgue ; l'autre jouant de la harpe. *Au-dessous du saint*, deux personnages, à genoux, l'implorent.

Dans les meneaux, quinze tableaux sur trois rangs :

I — *Conversion de Saint Florentin*

Saint Florentin était payen ;
Sa loy laissa et fut chrétien.
Sur le corps glorieux s'adresse ;
Ses amis, au besoin, ne laisse

II. — *Il se dépouille en faveur
des pauvres*

Les idoles plus n'adora ;
Ses gages qu'il avait de guerre,
Aux pauvres de Dieu. qu'il prisa,
Les deptait (partageait) sans plus en
[querre.

III. — *Crocus veut le forcer à adorer
les idoles*

Le roy Crocus l'envoya querre
Pour lui faire adorer ses dieux ;
Au crucifix s'en va grand erre,
Laissant ses dieux d'or radieux.

IV. — *Crocus l'interroge*

Le roy, tout irracondieux,
L'interrogea moult longuement :
Chevalier suis du roy des Cieux,
Dit saint Florentin hardiment

V. — *Fureur de Crocus*

Lors, le fameux roy cruellement,
Pour sa rage et fureur passer,
Fit ignominieusement
Au saint les dents rompre et froisser.

VI. — *Il lui fait couper la langue*

Puis, lui fit couper et tirer
La langue, qui tant le fascha ;
Mais Dieu le voulut tant priser,
Que cela point ne l'empescha.

VII. — *Martyre.* — *Crocus perd
la vue*

Après, lui fit couper la tête,
Injuste et cruelle manière.   [punit,
Dieu, qui voit tout, lui fit sa peste (le
Car des yeux il perdit la lumière.

VIII. — *Conversion de Crocus*

Adonc, connut sa faute entière ;
Premièrement Dieu l'inspira ;
Dieu lui rendit la vue plénière,
Puis, après, on le baptiza.

IX. — *Sépulture du Saint*

Le roy Crocus et sa noblesse
Ensevelirent, à diligence,
Saint Florentin en toute humblesse ;
Puis, le inhumèrent en révérence.

X. — *Visite de deux Comtesses au
chastel Saint-Florentin*

Deux sœurs, comtesses, à Rome allè-
Par le chastel Saint-Florentin [rent ;
Passèrent ; et là, visitèrent
Leurs parents courtois et bénins

XI — *Elles apportent des reliques
du Saint*

De retour, à Brême s'en furent,
Où posoit le corps glorieux ;
Des mains du seigneur reçurent
Le chef et un os précieux.

XII. — *Miracle*

Une femme avait ung enfant
Roide mort : le chef on bouta,
De saint Florentin triomphaul,
Sur lui, et il ressuscita.

XIII — *Dédicace de l'Eglise*

L'église, en l'honneur Notre-Dame
Et saint Florentin, par bon sens,
Fut dédiée, par dévot terme,
Par un archevêque de Sens.

Dans les deux derniers tableaux de droite : Le donateur et un enfant agenouillés ; derrière eux, Saint Guillaume debout ; sur le côté droit du prie-

Dieu, des armoiries : *de sable, au chevron d'or accompagné, en chef, de deux étoiles à sept rais, et, en pointe, d'un soleil, le tout du même.* La donatrice, à genoux devant un prie-Dieu, sans armoiries, a près d'elle Saint Claude debout, et derrière elle, ses trois filles agenouillées. *Au-dessous,* cette inscription : « *L'an 1527, le 26ᵉ jour de septembre, honorable homme Guillaume Servain, marchand à Saint-Florentin, et Claudine Chubrier, sa femme, ont donné cette verrière. — Priez Dieu pour eux et pour tous trépassés.* »

Vitrail du dernier entrecolonnement : *Saint Nicolas.*

Au sommet de l'ogive : le saint, avec, à ses pieds, les trois enfants traditionnels dans leur baquet.

Quinze tableaux *dans les meneaux.*

I. — *Naissance de Saint Nicolas*

Saint Nicolas, à sa naissance,
Au bassin se leva tout droit,
Montrant Dieu que puissance
Au temps futur, il obtiendroit.

II. — *Il donne de l'argent à un gentilhomme*

Trois filles, avait un gentilhomme ;
Mais malade estait, faible et las ;
D'argent lui donna grosse somme,
Le glorieux saint Nicolas.

III. — *Remerciement*

Le père, à deux genoux, remercie
Saint Nicolas de son aumône ;
Lequel, bien marri, le prie
De n'en parler à personne.

IV. — *Saint Nicolas à Myre*

A Myre, cité très exquise,
Après diverses élections
De prélats, il fut, en l'église,
Trouvé en dévote oraison.

V. — *Il est sacré Evêque*

Puis, sacré fust, en union,
Evesque, en grosse révérence ;
Où Dieu servit, sans fiction,
En faisant fruit de pénitence.

VI. — *Il abat une idole*

Le bon et gracieux pasteur,
Amateur de la foy chrestienne,
Fit couper l'arbre de hauteur,
Où était adorée Diane.

VII. — *Il procure des blés à ses concitoyens*

Saint Nicolas, par bon moyen,
Des blés de ceux d'Alexandrie,
En substanta ses concitoyens,
Sans leur mesure être amoindrie.

VIII. — *Il sauve la vie à trois hommes*

Trois gentilshommes injustement
Estoient prêts à décapiter,
Quand saint Nicolas hardiment
Vint au bourreau l'espée ôter.

IX. — *Il préserve d'un naufrage*

Mariniers, en une galée (galère),
Périssoient par force d'orage ;
Par saint Nicolas est allée
Au port sans avoir dommage.

X. — *Le diable sous forme de nonnain*

Le diable, par un faux stile,
En forme de nonnain se fit,
Donna à pélerins fausse huile
Pour brûler l'église du saint.

XI. — *Prêt d'argent d'un Juif à un Chrétien*

Ung chrestien d'un Juif emporta
Argent pris cavilleusement ;
Dedans un baston le bouta,
Soy parjurant en serment.

XII — *Punition du Chrétien*

S'en retournant à sa maison,
Dieu, qui voit tout, lui fit perdre
L'argent qu'il avait en baston.
Lui occis par une charrette.

XIII. — *Miracle*

En mer, se noya ung enfant
Tenant une coupe dorée.
Par saint Nicolas triomphant,
Lui fut la vie restaurée.

Au-dessus des tableaux, *dans les lobes de l'ogive*, on remarque trois sujets particuliers ; à gauche : « *Comment un Juif, voyant les miracles de Saint Nicolas, mit son image sur sa maison, lui laissant la garde.* » A droite : « *Comment le Juif fesse* (frappe) *l'image de Saint Nicolas, parce qu'il a été dérobé* (volé). *Par miracle, l'image saigna.* » Au milieu : « *Comment l'image de Saint Nicolas s'appert* (se montre) *au larron portant le butin, et remit audit Juif qui se fait chrétien.* » *Sur la partie du lobe longeant l'encadrement*, à droite et à gauche : des pèlerins.

Dans les deux derniers tableaux ; au bas, à droite, le donateur agenouillé a, derrière lui, également agenouillés, son fils et son petit-fils ; sur son prie-Dieu est un écusson à ses armes : *d'argent, à la rencontre de cerf d'or, accompagnée de trois trèfles de même, un en chef, deux en flancs.* La donatrice, derrière laquelle sont agenouillées ses trois filles et ses six petites-filles, est elle-même à genoux devant un prie-Dieu, sur le côté duquel on voit ses armoiries : *parti de* Duguet, *et d'argent, à la bande de sable, chargée de trois étoiles d'or, et accompagnée de trois coquilles de même, 2 et 1, et à la bordure engrêlée d'or.*

Au-dessus de ces deux tableaux, on lit : « *Ladite Jehanette morut le 27 avril 1516, ledit Duguet morut le permier...* »

Au-dessous : « *Les enfants et héritiers de feux nobles personnes Pierre Duguet, en son vivant lieutenant général au bailliage de Saint-Florentin, ont fait faire cette verrière, en exécution de l'ordre fait par ledit défunt en faisant son testament. Et a été assise en novembre 1528.* »

La Chapelle Saint-Jean, aujourd'hui *Chapelle Saint-Charles,* remplit deux travées, comme celle de la Vierge, à qui elle fait pendant. Cette chapelle est ornée de trois verrières.

Première verrière, à gauche, côté Nord : Scènes de l'*Apocalypse.*

Pour les bien comprendre, il est nécessaire de se reporter aux versets de ce livre qu'elles rappellent, et que nous donnons ci-dessous en les abrégeant. Nous commençons par le *haut de l'ogive,* puis allons de gauche à droite.

1ᵉʳ TABLEAU. — Moi, Jean, au jour du Seigneur, je fus ravi en esprit et je vis... au milieu des sept chandeliers d'or, quelqu'un qui ressemblait au fils de l'homme, ...sa tête et ses cheveux étaient blancs comme la laine blanche et comme la neige, et ses yeux brillaient comme une flamme de feu... Il avait sept étoiles dans sa main droite ; de sa bouche sortait une épée à deux tranchants... et lorsque je le vis, je tombai à ses pieds.

(*Apoc.* Chap. Iᵉʳ. Vers. 10, 13, 14, 16, 17.)

2º Je vis un autre ange plein de force... Son visage était comme le soleil... il avait à la main un petit livre ouvert, et il mit le pied droit sur la mer et le pied gauche sur la terre... et il me dit : Prends le livre, et le dévore... Je pris le livre de la main de l'ange, et je le dévorai...

(Chap. X. Vers. 1, 2, 9, 10.)

3º Il y eut un grand combat dans le ciel : Michel et ses anges combattaient contre le dragon, et le dragon combattait avec ses anges.

(Chap. XII. Vers. 7.)

4º Un grand signe apparut dans le ciel : une femme revêtue du soleil, ayant la lune sous ses pieds, et, sur sa tête, une couronne de douze étoiles... et je vis un autre signe dans le ciel : un grand dragon roux, avec sept têtes et dix cornes, et sept diadèmes sur ses têtes... sa queue entraînait la troisième partie des étoiles du ciel... et ce dragon s'arrêta devant la femme qui devait enfanter, afin de dévorer son fils dès qu'elle serait délivrée... elle mit au monde un enfant mâle... et son fils fut enlevé près de Dieu et de son trône... Mais le dragon poursuivit cette femme... et les deux ailes du grand aigle furent données à la femme, afin qu'elle s'envolât au désert.

(Chap. XII. Vers. 1, 3, 4, 5, 13, 14.)

5º Il se fit un grand tremblement de terre : le soleil devint noir comme un cilice, et la lune devint comme du sang. Et les étoiles tombèrent du ciel sur la terre... Les rois de la terre, les princes, les tribuns et les riches, et les puissants, et tous les hommes libres ou esclaves, se cachèrent dans les rochers des montagnes. Et ils dirent aux montagnes et aux rochers : Tombez sur nous, et dérobez-nous à la face de Celui qui est assis sur le trône, et à la colère de l'Agneau.

(Chap. VI. Vers 12, 13, 15, 16.)

6º Le sixième ange sonna de la trompette, et j'entendis une voix qui sortait des quatre coins de l'autel d'or qui est devant Dieu, voix disant : Déliez les quatre anges qui sont enchaînés sur le grand fleuve d'Euphrate. Et

aussitôt furent déliés les quatre anges qui étaient prêts
pour l'heure, le jour, le mois et l'année où ils devaient tuer
la troisième partie des hommes.

(Chap. IX. Vers 13, 14, 15.)

7° Je vis les sept anges qui sont devant la face de
Dieu ; et on leur donna sept trompettes... Le premier
ange sonna de la trompette : il tomba sur la terre de la
grêle et du feu mêlés de sang... Le second ange sonna de
la trompette : il tomba sur la mer une grande montagne
brûlante... Le troisième ange sonna de la trompette, et
une grande étoile, ardente comme un flambeau, tomba du
ciel sur la troisième partie des fleuves et des fontaines...
et j'entendis la voix d'un aigle, qui volait au milieu de
l'air, disant à haute voix : Malheur, malheur, malheur aux
habitants de la terre...

(Chap. VIII. Vers. 2, 7, 8, 10, 13.)

8° Un des sept anges qui portaient les sept coupes, vint
et me parla, disant : Viens, je te montrerai la condam-
nation de la grande prostituée... avec laquelle les rois se
sont corrompus, et qui a enivré les habitants de la
terre du vin de sa prostitution... et il me transporta en
esprit dans le désert, et je vis une femme assise sur une
bête de couleur d'écarlate, pleine de noms de blasphêmes,
laquelle avait sept têtes et dix cornes... Et la femme était
vêtue de pourpre et d'écarlate, parée d'or, de pierres
précieuses et de perles, portant en sa main un vase d'or,
plein d'abomination et des impuretés de sa fornication...

(Chap. XVII. Vers. 1, 2, 3, 4)

9° Je vis un cheval blanc. Celui qui était monté dessus
avait un arc ; on lui donna une couronne, et il partit en
vainqueur pour vaincre... Il sortit aussitôt un autre
cheval roux ; et il fut donné à celui qui le montait de
bannir la paix de la terre, et de livrer les hommes au
glaive les uns des autres, on lui donna une grande
épée... Et voilà un cheval noir, et celui qui le montait
avait dans sa main une balance... Et voilà un cheval

pâle, et celui qui le montait s'appelait la **Mort** ; l'enfer le suivait, et on lui donna puissance sur les quatre parties de la terre, pour faire mourir les hommes par l'épée, par la famine, par les bêtes sauvages.

(Chap. VI. Vers. 2, 4, 5, 8.)

10º Après cela, je vis une grande multitude, que personne ne pouvait compter, de toute nation, de toute tribu, de tout peuple et de toute langue, qui étaient debout devant le trône et devant l'Agneau, revêtus de robes blanches, avec des palmes en leurs mains.

(Chap. VII. Vers. 9.)

Au bas de ce tableau, saint Jean est prosterné.

Au-dessous, on lit : « *Ces verrières* (sic) *font partie des visions et révélations vues par l'apôtre saint Jehan, lui étant dans l'île de Pathmos.* ».

Dans les deux derniers tableaux, le donateur ayant derrière lui saint Bertrand, debout, et ses quatre fils, à genoux, est lui-même agenouillé devant un prie-Dieu, au-dessus duquel sont peintes les armoiries suivantes : *d'argent, à deux cotices, l'une de sinople, l'autre de gueules, séparées par une étoile de sable, et accompagnées, en chef, d'un trèfle de sinople, et, en pointe, d'une moucheture d'hermine et d'un trèfle de sinople.* — La donatrice agenouillée, a, près d'elle, Saint Guillaume, debout, et, derrière elle, ses quatre filles, à genoux ; au-dessus de son prie-Dieu, on remarque ces armoiries : *parti : de Darengette ; et d'or, à la fasce de gueules, accompagnée, en chef, d'une tête de grive, coupée de sable, et, en pointe, d'une grappe de raisin* (pineau) *feuillée au naturel.* (Armes parlantes).

Sous les donateurs, l'inscription : *L'an 1529, au mois de mars, honorable homme, Bertrand Darengette, et Anthoinette Pynot, sa femme, demeurant en cette ville de Saint-Florentin, ont donné cette verrière. — Priez pour eux.*

De chaque côté, *en haut de l'ogive*, est répétée la date de 1529. *Plus bas*, de chaque côté également, une banderole indique le sujet du vitrail : *l'Apocalypse.*

Les deuxième et troisième verrières représentent *la Nativité, la vie et la mort de saint Jean-Baptiste.*

En haut de la deuxième verrière : le Père Eternel. *Au-dessous*, à droite et à gauche, des anges jouant, de divers instruments de musique.

Six tableaux :

I. — *Apparition d'un ange à Zacharie*

Un jour Zacharie encensoit
Au temple, en humilité,
Lorsque l'ange lui annonçoit
De saint Jean la nativité.

II. — *La Nativité*

Elisabeth saint Jehan conçut
De son époux Zacharie ;
A sa naissance, elle reçut
La sacrée Vierge Marie.

III. — *Circoncision*

Pour se conformer entièrement
A la loi judaïque,
Zacharie, au temple humblement,
Fait circoncire son fils unique.

IV. — *Saint Jean au Désert*

Saint Jehan, par grâce supernelle,
Congé reçoit de père et mère,
Laissant la maison paternelle,
Pour vivre dans le désert.

V — *Prédication*

Saint Jehan, de Jésus précurseur,
Pour abolir péché inique,
Prêchoit la venue du Sauveur,
Devant le peuple judaïque.

VI. — *Baptême de Jésus-Christ*

Jésus le voulut tant priser,
Que devers lui s'en vint ;
Par sa main se fit baptiser,
Dans le fleuve Jourdain.

Troisième Verrière (au-dessus de l'autel) : *Tout en haut* : Saint Jean-Baptiste ; sur les côtés, des moutons ; au-dessous, couteaux et couperets de bouchers.

Six tableaux également :

I. — *Saint Jean reprend Hérode*

Saint Jehan Hérode reprenoit,
Dedans son palais sans soy taire,
En disant qu'à tort maintenoit
Hérodias en adultère.

II. — *Captivité*

Le faux roy, plein de déraison,
Ecoutant d'Hérodias la malice,
Fait mettre saint Jehan en prison,
Qui le reprenait de ses vices.

III. — *Danse d'Hérodias*

La fille Hérodias sauta
Devant Hérode, sans tarder ;
Qui fort lui plust et accepta
Ce qu'elle voudrait demander.

IV. — *Décollation*

La fille Hérodias, de saint Jehan,
Le chef ayant demandé,
Hérode, lâche et méchant,
Fit au saint la tête couper.

V. — *Sépulture*

Par ses disciples et amis
Fut enseveli en diligence ;
En plaint lacrymable,
Fut inhumé en révérence.

VI. — *Hérode tourmenté par le Diable*

Hérode, tant malheureux roy,
De son crime ne resta
Impuni ; car, pour son déroy,
Le diable le tourmenta.

Au bas, les noms des donateurs : *Pierre Bourgiat.
— Thomas Pigneau. — Jacques Thierriat. — Guillaume Darengette. — Antoine Vigneron. — Jehan Thierriat. — Jehan Vigneron. — Anthoine Darengette. — Edmond Lemoine. — Jacques Pigneau. — Jehan Pigneau. — Petit Jehan Pigneau. — Jehan Chubrier, l'aisné. — Jehan Chubrier, le jeune. — tous bouchers ont donné ces deux verrières en l'honneur de Dieu. — Priez pour eux. — Et pousés* (posés) *ont esté l'an 1529.* — L'inscription qui précède est placée dans six cartouches, trois dans chaque fenêtre, supportés à l'angle de gauche de chacune de ces fenêtres par un bœuf, et à l'angle de droite, par un mouton.

Statues de cette chapelle qui ont été classées : *saint Jean-Baptiste*, pierre peinte (XVIᵉ s.), à gauche de l'autel ; et, face à cet autel, le *groupe de la Visitation*, pierre peinte, du XVIᵉ siècle également.

La verrière de la chapelle contiguë, dite de *Saint-Julien-le-Pauvre* ou *l'Hospitalier*, retrace la légende de ce saint :

1ᵉʳ tableau. — Rencontre du cerf : « *A saint Julien, du cerf fut dit qu'il occira père et mère.* »

2ᵉ. — Julien quitte ses parents : « *Bientôt de lui se départent* (se séparent), *dont ils eurent douleur amère.* »

3ᵉ. — Il est reçu par un grand seigneur : « *Julien demandé pour qu'il servit le comte de Plaisance.* »

4ᵉ et 5ᵉ. — Il combat pour le prince et se marie : « *De fait d'armes occit grand nombre d'ennemis, et pour ce fut fait chevalier et épousa une dame.* »

6ᵉ, — Sa femme reçoit ses parents : « *Lui absent, sa femme reçut ses parents honorablement.* »

7ᵉ. — Julien les tue : « *Croyant sa femme adultère, ses père et mère mit à mort.* »

8ᵉ. — Il rencontre sa femme : « *Julien de sa femme apprend sa faute infâme.* »

9ᵉ. — Le donateur, sa femme et sa fille, ayant à leurs côtés saint Joseph et saint Nicolas. *Au-dessous,* cette inscription : *Joseph Bourgiat et sa femme ont donné cette verrière, 1526.* »

Dans le lobe du côté gauche : Julien, aux pieds du pape, implore son pardon.

Dans l'ogive : Julien passe dans sa barque un pauvre lépreux : « *Pour pénitence, Julien se fait passeur.* ».

Dans le lobe du côté droit : Il place dans son lit le lépreux, qui, de suite, se transforme en ange pour lui annoncer son pardon.

Un *bas-relief,* très habilement sculpté, et ajusté dans une bordure semi-gothique (il est malheureusement fort endommagé), rappelle, de même que la verrière, la légende de saint Julien. *Au-dessus,* la statue du saint, en costume de pélerin.

Sur les soubassements des colonnettes qui supportent l'architrave de ce bas-relief, on a sculpté, comme sur la clôture lui faisant face, les attributs de la profession d'apothicaire : balance, vase, mortier et pilon, boîte à poids. Enfin, sur son *côté droit,* on lit la date de 1532.

Transept ; hautes verrières du *côté Est :*

La verrière qui touche au portail Nord, a trois meneaux ; dans celui de gauche : saint Jean-Baptiste ; dans celui de droite, saint Antoine ; dans le meneau du milieu, une inscription : « *Noble Jean Pescheux, advocat à la cour, conseiller du roy, élu et contrôleur en l'élection de Saint-Florentin, décédé le 3 novembre 1683, a fait faire cette vitre. Requiescant* (sic) *in pace, 1683.* » Au-dessus de cette inscription sont peintes les armoiries du défunt : *d'azur, à trois gerbes d'or, 2 et 1.*

La verrière suivante a également trois compartiments : saint Pierre occupe celui de gauche ; saint Thomas, celui de droite ; dans le compartiment du milieu, on lit : « *Aux frais de Thomas Billebault, seigneur de l'Atrecey, des Conches et de Chanteloup, et de feu dame Perrette Chassin, son épouse, demeurant à Saint-Florentin, 1684.* »

Cette mention est surmontée d'un écusson armoirié : *écartelé : aux 1 et 4, d'azur, au chevron d'or, accompagné de trois besants de même ; aux 2 et 3, d'argent, à l'aigle éployée de sable à deux têtes.* (1)

*Bas-côtés Nord de la nef : Chapelle Saint-Joseph.
— Les deux verrières de cette chapelle* sont complètement abîmées. *La première*, près de l'autel, était

____

(1) Il ne faut pas confondre les armoiries de Thomas Billebault, avec celles de Jean Billebault, receveur du grenier à sel de Saint-Florentin, et de Christophe Billebault, maire perpétuel de la ville : *d'argent à l'aigle de sable, languée de gueules, au chef d'azur, chargé de trois besants d'argent*, qui figurent sur la pierre tombale de dame Anne Leclerc, femme de Christophe Billebault, morte en 1689, accolées à l'écu des Leclerc : *d'argent, au chevron d'azur, accompagné, en chef, de deux molettes de sable, et, en pointe, d'une étoile à huit rais d'azur.*

celle *du Rosaire.* On distingue encore, dans le *meneau de gauche,* la Visitation, avec l'indication : *Mystères joyeux ; Au-dessous,* la nativité. Dans le *meneau central,* au milieu d'une quantité de débris, une belle tête de Christ couronné d'épines, et la Flagellation. Dans le *meneau de droite,* un fragment de la Résurrection et l'Ascension, avec la mention : *Mystères glorieux. Au-dessus des meneaux :* la descente du Saint - Esprit sur les apôtres et l'Assomption.

La seconde verrière a gardé, dans chacun de ses deux *lobes du haut,* la tiare et les clefs, et, dans le *compartiment du centre,* un tableau représentant Simon-le-Magicien s'élevant dans les airs avec l'aide du démon. *Au milieu de ce tableau,* un petit cartouche porte la date de 1619 ; *au-dessous,* une inscription mutilée, sur laquelle on déchiffre encore les noms de *Simon,* de *Pierre ;* les mots *clés, ciel…* etc, semblent confirmer que ce vitrail était dédié au *Prince des Apôtres,* et permet de supposer que les autres sujets qui y figuraient, rappelaient des traits de sa vie. — *Dans le bas,* on lit difficilement la mention suivante, en partie détruite, et que nous rétablissons : « *François le Beau, conseiller pour le roy en l'élection de Saint-Florentin, et Anne Corrard, sa femme, ont fait faire cette verrière.* »

A gauche, la donatrice et ses trois filles sont à genoux. — *A droite,* le donateur agenouillé, et assisté de saint François, debout, a, sur le haut de son prie-Dieu, un parchemin, avec ces mots : *Ave, Maria, gratia plena ;* et, sur le côté, ses armoiries : *d'azur, à un arbre de sinople, sur une terrasse de même, adextré d'un lion de sinople rampant sur l'arbre ;*

au chef d'or, chargé d'une étoile d'argent accostée de deux croissants de même. (1)

Grandes Verrières du chœur et du sanctuaire, dont la plupart remontent au règne de Henri II, et sont d'une indiscutable supériorité d'exécution.

1re Verrière du côté Nord : La Cène ou l'Institution du Sacrement de l'Eucharistie. Sur l'extrémité du banc qui sert de siège au dernier apôtre, à gauche du Christ, on lit cette date : 1575.

2e verrière. — La trahison de Judas, et Saint Pierre coupant l'oreille de Malchus. *Au-dessous,* la date de 1550, inscrite dans chacun des quatre compartiments de la verrière.

3e verrière. — La Flagellation et le Couronnement d'épines. Date de 1548, dans le premier et quatrième meneau.

4e verrière. — *L'Ecce Homo.* — *Au bas de cette verrière,* à gauche, le donateur, revêtu d'un surplis, est agenouillé devant un prie-Dieu, sur un des côtés duquel sont peintes les armoiries suivantes : *d'argent, à deux cotices de sinople, accompagnées, en chef, d'une molette d'éperon de sable à huit rais et d'un trèfle de senople, et, en pointe, d'une moucheture d'hermine et d'un trèfle de sinople.* Ces armoiries, répétées dans la huitième verrière, sont celles d'un ecclésiastique qui appartenait soit à la famille Darengette, soit à la famille Thierriat.

____

(1) *L'Armorial de l'Yonne,* de Dey, page 34, donne ainsi les armes des Le Beau : *d'argent, à un arbre de sinople sur une terrasse de même, au lion de gueules rampant contre l'arbre, et au chef d'azur, chargé d'une étoile d'argent, accostée de deux croissants de même.*

5e verrière. — Le portement de croix. *Dans chacun des deux compartiments* de cette verrière se trouvent des armoiries : A droite : *Palé d'azur et de gueules de huit pièces, au lion morné d'or, brochant sur le tout,* qui est Clérey (?) ; à gauche : *Parti : palé d'azur et de gueules, de huit pièces, au lion morné d'or, brochant sur le tout ; et, d'azur, à deux épées d'argent passées en sautoir, les pointes en haut, les gardes et les poignées d'or,* qui est Angenoust.

6e verrière, dominant directement le maître-autel : *Le Christ sur la Croix entre les deux larrons.*

Au-dessous de cet admirable vitrail, on remarque deux écussons. Dans le meneau de droite : *écartelé : aux 1 et 4, d'or, à trois paulx de gueules,* qui est de Foix ; *aux 2 et 3, d'or, à deux vaches passant l'une sur l'autre de gueules, accolées, accornées et clarinées d'azur,* qui est Béarn ; *sur le tout, d'or, à deux léopards de sable l'un sur l'autre.* Dans le meneau de gauche : *écartelé : aux 1 et 4, d'azur, à trois fleurs de lys d'or, et à la bande componée d'argent et de gueules, brochant sur le tout ; aux 2 et 3, d'or, à la croix de gueules, chargée de cinq coquilles d'argent et cantonnée de seize alérions d'azur,* qui est Laval ; *sur le tout, de gueules au lion rampant d'argent.* Cet écusson est entouré du collier de l'ordre de Saint-Michel (1).

---

(1) Ces armoiries sont celles des Seigneurs de Saint-Florentin. — Au xvie siècle, les possesseurs de cette vicomté furent entre autres : Charlotte d'Albret, femme d'Odet, comte de Foix ; Henri de Foix, leurs fils ; Claude de Foix, leur fille, mariée à Gui, comte de Laval, puis à Claude de Luxembourg, et morte sans postérité ; Marie d'Albret, duchesse de Clèves ; son fils, François de Clèves, marié à Marguerite de Bourbon, fille du duc de Vendôme ; Marie de Clèves, issue de ces derniers, et femme de Henri de Bourbon, premier prince de Condé...

7ᵉ Verrière. — La mise au tombeau. Au-dessous du sujet, on voit deux écussons. 1ᵒ A droite : *de gueules, à deux étoiles d'or en chef, et un croissant d'argent en pointe.* 2ᵒ A gauche : *parti : de gueules à deux étoiles d'or en chef, et un croissant d'argent en pointe ; et d'azur, à trois chandeliers d'argent, 2 et 1, et une étoile d'or, en chef.*

8ᵉ Verrière. — La Résurrection de Notre Seigneur Jésus-Christ. Au bas, le donateur, vêtu d'un surplis, est agenouillé devant un prie-Dieu, sur lequel on a peint des armoiries semblables à celles de la quatrième verrière (l'*Ecce Homo*), si ce n'est qu'ici les trèfles sont d'or.

9ᵉ Verrière. — 1ᵒ Apparition de Notre Seigneur à ses apôtres. Au bas, le donateur et la donatrice, à genoux ; 2ᵒ Jésus reproche à Thomas son incrédulité. A l'angle de droite, le donateur est agenouillé. Dans le 2ᵉ et 3ᵉ meneau, la date de 1548.

10ᵉ Verrière. — L'Ascension et la descente du Saint-Esprit sur les apôtres. Au-dessus de ce dernier tableau, le donateur et la donatrice, tous deux à genoux. L'inscription qui existait autrefois sur cette verrière, est incomplète ; la voici telle qu'elle était : « *Le 11 Juin 1548, femme Loyse le Grand, veuve de Jehan Geufroy, a donné cette verrière. — Priez Dieu pour cette œuvre, vous prie.* » Dans le deuxième et le troisième compartiment, les écussons suivants : 1ᵒ *d'azur, à la bande d'or chargée de trois molettes d'éperon de sable à huit rais, et accompagnée de deux coquilles d'argent, l'une en chef et l'autre en pointe ; 2ᵒ Parti : d'azur, à la bande d'or chargée de trois molettes d'éperon de sable à huit rais, et accompagnée de deux coquilles d'argent, l'une en chef et l'autre en pointe ; et d'argent, à deux cotices, l'une de gueules et l'autre de sinople, accompagnées de quatre mouchetures d'hermine, deux en chef et deux en pointe.*

11e verrière. — La Prédication de Saint Pierre et la Mort d'Ananie.

Le Chœur et le Sanctuaire. — *A droite,* au-dessus de la porte de l'escalier du Jubé, une inscription en lettres d'or sur fond noir, donne la date de la consécration de l'église : « *Anno Dni millesimo sexcentesimo decimo septimo dominica die decima septima mensis septembris* (17 septembre 1617). *Ad supplicationem et diligentiam venerabilis et devotœ personœ, Magistri Claudii Leclerc pbri Notarii in curià Ecclesiastica Senonensis* (sic) *: Illustris et Reverendissimus in Xro pater dns Dominus Johannes Clevensis Episcopus Bethleemitanus ad Romanam Ecclesiam nullo medio pertinens, necnon Prior incliti prioratus de charitate. Deligentia et permissione Illustrissimi et Reverendni Dni Dni Jacobi Cardinalis Perronii Archiepi Senonensis, seu ejus Dni Vicarii Generalis, Hanc Ecclesiam Deo optimo Maximo, Beatæ et Gloriosissimæ Virginis Mariæ, Divo Florentino magno martiri, et omnibus sanctis, solemniter Consecravit et Dedicavit.* »

Douze piliers, soutenant des ogives, entourent le chœur et le sanctuaire ; une *colonnade* (1550), dont la frise, taillée à jour, est fort jolie, les réunit. Plusieurs de ces piliers, ainsi que la plupart de ceux qui se trouvent dans le reste de l'église, ont des *chapiteaux* très soigneusement et très diversement sculptés ; sur celui du troisième pilier de droite, on remarque, taillées dans la pierre, des armoiries semblables à celles qui sont peintes dans le meneau de droite de la sixième verrière.

Le *Maître-Autel* est orné d'un bas-relief qui, mutilé comme les deux autres pendant la Révolution, a été restauré depuis. Il est divisé en trois parties. Dans le haut de la partie de gauche, *Jésus est présenté au peuple par Pilate* ; au dessous, un plus grand sujet rappelle *le Reniement de Saint Pierre*. La partie du milieu, plus élevée que les deux autres, représente *la Scène du Calvaire*. *La Résurrection* occupe le dernier compartiment, avec, dans le bas, l'ange près du tombeau ; le Seigneur auréolé rayonne dans l'espace au-dessus de Jérusalem, dont les tours et les monuments se découpent à ses pieds. Les *quatre Evangélistes* forment les motifs d'ornement du sou-bassement.

Ce bas-relief, ainsi que celui de la chapelle Saint-Julien et celui de l'autel situé derrière le chœur, seraient, au dire de certains connaisseurs, de la main du célèbre statuaire Jean Goujon ; cependant, il est à peu près hors de doute qu'ils sont l'œuvre de François Genty, de Troyes, sculpteur de François Ier et de Léon X.

Deux statues équestres (classées) sont placées au-dessus du maître-autel : à gauche, *Saint-Florentin*, vêtu à la romaine, avec un casque empanaché, et portant un étendard orné d'une croix rouge.

A droite, *Saint Martin*, couvert d'une tunique, et tenant d'une main un sabre, avec lequel il se dispose à couper son manteau, pour en donner la moitié à un pauvre.

Particularité : l'un des douze piliers du chœur, *celui du jubé*, côté Nord, renferme un double escalier à vis, qui conduisait aux voûtes, et dans lequel on pouvait monter simultanément et se parler sans se voir. En 1858, au moment de la restauration de l'église, il menaçait ruine ; on décida d'en murer l'entrée après avoir consolidé l'intérieur du pilier, de sorte qu'il n'est plus accessible aujourd'hui.

Pierres Tombales. — La plus grande partie· des pierres tombales, qui recouvraient les corps enterrés dans l'église avant la déclaration royale du 10 mars 1776, interdisant d'y inhumer, ont disparu lors de la réfection complète du dallage de cet édifice, en 1860. Il n'en reste plus que quelques-unes, dont voici les inscriptions :

Chapelle Saint-Joseph : Cy-gist Dame Anne Elisabeth Epaulard, très chère épouse de Michel Sallot, sieur du Hallier, conseiller du roy, receveur des tailles de l'élection de Saint-Florentin, laquelle; après avoir satisfait à tous ses devoirs de religion, et pénétrée d'une charité constante envers les pauvres, est décédée le 15 février 1763, âgée de 52 ans 10 mois. — Priez Dieu pour le repos de son âme.

Au-dessous de l'inscription, on aperçoit les vestiges d'un écusson martelé ; à droite et à gauche sont deux anges assis.

Tambour du portail Nord : Trois pierres funéraires, une seule a conservé une inscription lisible : *Cy-gist, Edme Leclerc, escuyer, seigneur de la Chesnault et des Varennes, conseiller secrétaire du roy, maison, couronne de France et de ses finances, élu en l'élection de Saint-Florentin, et procureur du roy au grenier à sel, décédé le 23 septembre 1721, âgé de 61 ans. — Sit in pace locus et habitatio ejus in Sion.*

Cette inscription est encadrée de deux filets, entre lesquels on a gravé d'élégants rinceaux ; les deux dernières lignes sont tirées du psaume LXXV, v. 2. Au-dessous de l'épitaphe, on remarque les armoiries de la famille Leclerc, indéchiffrables aujourd'hui.

Devant et sous le Jubé. — Deux pierres funéraires ; la première a, seule, une inscription encore lisible : *Cy-git Dame Marie Marthe Defeu, épouse de Edme Defeu, écuyer, seigneur de Lignières, conseiller du roy, receveur ancien des tailles de l'élection de Saint-Florentin, laquelle, après s'être fait riche en bonnes œuvres, et s'être acquis un trésor et un fondement solide, ...est décédée le 6 décembre 1721, à l'âge de 30 ans. — Priez Dieu pour le repos de son âme.*

Chapelle Saint-Charles ; fragment de **pierre servant** de seuil : *Cy-gist Robert Defeu, écuyer, avocat en la Cour.....*

Dans cette même Chapelle : 1° *Cy-git Dame Anne Leclerc, très chère épouse de M° Christophe Billebault, avocat au Parlement, conseiller du roy, maire perpétuel de la ville de Saint-Florentin, décédée le 9 mars 1689, âgée de 43 ans. — Hic quoque jacet domina Joanna Dyonisia Billebault, vidua Edmundi Leclerc, equitis Domini de Lachainault et des Varennes. — Epitaphium : Catholicam amavit ecclesiam, pietate enituit, religionem coluit, egenis opem afflictis præsidium præstitit, plurima in adversis patientiæ, in prosperis æquanimitatis, in dubiis prudentiæ monstravit exempla, virtuti ita addicta fuit ut cum famorum integritas nasci crescere et perfici visa fuerit cunctis flebilis nato flebilior occidit IV° jdus julii anno MDCCXXXVII ætatis... mense VI° die II^a. Vale mater vita amabilior nunquam ego te aspiciam posthac et certe semper amabo, hoc pietatis amoris et gratitudinis monumentum charissimæ matri poni curavit Edmundus Parcevalis Leclerc, eques, dominus de la Chainault et des Varennes.*

2° Cy-gist Jean Baptiste de Villeroi, écuyer piqueur au deux^e vol pour milan de la grande fauconnerie du roy, décédé le 22 février 1743, âgé de 51 ans. — Priez Dieu pour luy.

3° Cy-gist Me Jacques Rogelin, procureur au bailliage, élection et grenier à sel de Saint-Florentin, fils de Me Edme Rogelin, procureur auxdites juridictions, aussy y gisant, décédé le 8 octobre 1720, âgé de 67 ans. — Cy-gist aussi Demoiselle Jeanne Jeanneau, sa veuve, décédée le 8 juin 1734, âgée de 74 ans.

Tambour du portail Sud : Deux pierres tombales dont les inscriptions sont complètement effacées.

Promenades & Excursions

Saint-Florentin est un centre de promenades et d'agréables excursions, dont les principales sont : 1° *Les Monts-Boussards* (2 kilom.), très belle vue ; on y arrive après avoir laissé à sa droite l'ancienne Maladrerie ou Léproserie, convertie en ferme ; la chapelle, située sur la route, est encore reconnaissable à ses contreforts et à la forme de ses fenêtres.

2° *La Montagne de Venisy* (1 kilom.), au sommet de laquelle on jouit d'un panorama magnifique et très différent d'aspect sur l'un ou l'autre des deux versants. La Voie Romaine de Troyes à Auxerre passait à cet endroit : c'est maintenant un chemin de traverse.

3° En le suivant vers l'Ouest, on parvient à un monticule surmonté d'une croix, et dominant toute

la contrée environnante : *Le Mont-Avrollo* (2 kilom.)
Là, fut autrefois un camp romain, appelé, du nom
de l'un des lieutenants de Jules César, camp de
Barcéna ; il avait été installé en ce lieu pour proté-
ger l'importante ville romaine d'Eburobriga, devenue
aujourd'hui le village d'*Avrolles*.

4° *Les Perrets*, longeant les bords de l'Armance
qui, après avoir traversé le canal de Bourgogne sous
cinq arches ou ponceaux de briques, va, cinq cents
mètres plus loin, se jeter dans l'Armançon.

5° *L'Abbaye de Pontigny* (10 kilom.), dont l'église
est une des plus belles du XIIᵉ siècle : splendides boi-
series dans le chœur ; châsse renfermant le corps de
Saint-Edme, ancien archevêque de Cantorbéry ;
pélerinage très fréquenté par les Anglais, et par...
les jeunes épousées, dont tarde la maternité. A
proximité, *la Forêt de Pontigny*, coupée d'ombreux
layons.

6° *La Forêt d'Othe* (12 kilom.) pittoresque et
accidentée, avec ses nombreuses routes, offre des
aspects variés et des points de vue inattendus ; soit
qu'on y aborde par *Turny* (jolie église renaissance)
et le *Fays* (longue montée en lacets) ; soit par *Venisy*
et *Chailley* (grandes éclaircies de Malgouverne,
hautes futaies des bois du Chapître) ; soit par
Champlost et *Vachy* ou par *Chatton* et *Bellechaume*
(hautes futaies de Courbépine, rond point de la
Ramée, Etangs Saint-Ange), etc.

Saint-Florentin est pourvu d'hôtels récemment
aménagés avec tout le confort moderne, de cafés
bien tenus, de sérieuses maisons de réparations pour
cycles et automobiles. On y trouve facilement des
voitures de location.

Auxerre – Imp. Auxerroise, 8, rue du Collège

www.ingramcontent.com/pod-product-compliance
Ingram Content Group UK Ltd.
Pitfield, Milton Keynes, MK11 3LW, UK
UKHW020050100726
13658UKWH00004B/1666